# मोहब्बत

## जज़्बात जुदाई इंतज़ार दर्द

वैष्णवी माला

Made with ❤ on the Notion Press Platform
www.notionpress.com

मोहब्बत जिसे कोई इश्क़ कोई प्यार कोई प्रेम और ना जाने कितने अलग अलग शब्दों से जाहिर करते है शब्द चाहे अलग हो पर जज़्बात सब के एक से ही होते है और मैंने इस किताब मे उन्ही मे से कुछ एहसास को व्यक्त किया है जो उन सभी लोगो को समर्पित है जिन्होंने अपने जीवन मे किसी ना किसी से मोहब्बत की हैं

# क्रम-सूची

# क्रम-सूची

# क्रम-सूची

# प्रस्तावना

मोहब्बत बहुत प्यारा सा शव्द है जिसे मोहब्बत हो जाती है वो अपनी ही दुनिया मे खुश रहता है और सच्ची मोहब्बत मंजिल को पाने की प्रेरणा भी बन जाती है पर मोहब्बत जितना प्यारा एहसास हैं उतना ही दर्द भरा होता है जुदाई और बेवफाई और इन सब एहसासो को हमने इस किताब मे कुछ कविताओं के द्वारा दर्शाने की कोशिश किया है

इस किताब को लिखने मे मुझे बहुत ख़ुशी लग रही है और मेरे बहुत से जानने वालो की मदद से मैंने इसे लिखा है

लोग मोहब्बत को ले कर अलग अलग राय रखते है और उन्होंने भी अपनी अपनी जज़्बात मुझे बताई और मैंने उन सभी अहसासों को कविताओं की रूप देने की कोशिश की

मेरा उद्देश्य किसी के भी मन को चोट पहुंचाने की नहीं है मैंने बस इसमें अलग अलग वक्त मे जज्बातों मे आये बदलाव को लिखा है

# भूमिका

इस किताब की कवितायेँ बेशक़ मेरी रचनाएँ है परन्तु इस मे हर कविताओं को लिखने मे उन सभी लोगो की भूमिका है जिन्होंने मुझे अपनी एहसास अपनी जज़्बात बताई हैं क्यों की इसमें आपको मोहब्बत के साथ साथ इंतज़ार के झलक भी मिलेंगे किसी मे जुदाई के तो किसी मे बेवफाई के भी कुछ कविताएं मिलेंगे जो अलग अलग लोगो ने अपनी भावनाएं मुझसे साझा की थी और मैंने उन्हें कविताओं का रूप देने की कोशिश की

# 1. है हमें किसी का इंतज़ार

हैं हमें किसी का इंतज़ार
जो हमें अपना मान सके
तन्हा राज को हमारे जो जान सके
हमारे हर दर्द को पहचान कर
उसमे मरहम जो बन सके
है हमें ऐसे किसी का इंतज़ार
क्या कभी कोई मिलेगा ऐसा
जो अपने प्यार का एहसास दिलाये
बिन लव खोले लब्ज़ हमारी समझें
गलतियां हमारी जो सुधारे
पर रूठ जाये तो मना ले
है हमें ऐसे किसी का इंतज़ार
अपने दिल की जो बात कहे
पर कोई राज हमसे ना छुपाये
प्यार भरे अपने दिल मे
जो हमें बसा ले
अगर राह मे कदम डगमगाये कभी
तो वो हमें संभाल ले
है हमें ऐसे किसी का इंतज़ार
जो अपना बनाके करे हमसे प्यार!

# 2. मोहब्बत

मोहब्बत के एक ख्वाब से
जीने की आस नज़र आई
पा कर किसी को उसने
ख़ुशी की झलक पाई
मन पंछी बन आसमां नापने चला
कोई उस के ख्वाबो की जहां मे आने लगा
भूल चली इस जहां को वो
बस उस के नज़रो मे खोई
कैसे ऐ दिल बेकाबू हुआ
उस के करीब ही जाने लगा
गम के सागर का वो किनारा बन चला
डूबती कश्ती का सहारा बन चला
उस के प्यार की कशिश महसूस हुई
गल इतनी सी है इज़हार कर ना पाई
मोहब्बत दिल मे थी पर
कभी बयां कर ना पाई
लब्ज़ लवो के "पर " मे ही
थम के रह गई
काश वो लब्जो को समझें
तो कभी दूर जाना ना पड़े!!

# 3. वो बारिश के मौसाम वो हम दोनों का संग

वो बारिश के मौसाम

वो हम दोनों का संग

हर बून्द के छुअन के साथ

चढ़ रहा था हम मे प्यार का रंग

याद है मुझे वो पहली बारिश

वो तेरा अपने हाथो मे मेरा हाथ लेना

एक नए रिश्ते की वो शुरुआत करना

मेरा यूँ भींगते ज़ुल्फो को संभालना

नज़रो का तेरे यूँ मुझ पे खो जाना

ख्वाहिश थी शायद दिल को

मोहब्बत के आगोश मे समाना

मगर चाह कर भी तेरा यूँ

मुझे कदम भर दूर रखना

चाहत थी दिल की वक्त वही थम जाये

तु मेरा सहारा बनो और ज़िन्दगी गुज़र जाये !!!

# 4. पहल करने का सोचा है

तुमसे प्यार मे अब पहल करने का सोचा है
बहुत हुई दूरियां अब मिलने का सोचा हैं
माना वर्षो से खाली था दिल मेरा
पर अब इस दिल मे तुम्हे बसाने का सोचा है
आज हमने भी प्यार मे पहल करने का सोचा है
सोये हुए जज़्बात मेरे
तेरे कदमो की आहट ने जगाये
अधूरी थी जो बिन तेरे ज़िन्दगी
अब इसे पूरा करने का सोचा है
पहल की थी प्यार मे तुमने
हमने अब इसे निभाने का सोचा है
जो हाथ बड़ाई थी तूने
अब हमने उसे थमने का सोचा है
अब हमने भी प्यार मे पहल करने का सोचा है !!!

# 5. पा कर तुम्हे ज़िन्दगी से प्यार हो गया

एक बेसुरा सा आवाज़ मेरा

देख तुम को संगीत बन गया

यूँ तो बात करने मे भी संकोच करता था मैं

मगर देख तुम्हे शायर बन गया

जो दिल की बात अब तक बयां ना हुई

आज बन के ग़ज़ल लवो पे आ गया

यूँ तो नफरत थी ज़िन्दगी से हमें

मगर पा कर तुम्हे ज़िन्दगी से प्यार हो गया

ढलते सूरज का नज़ारा

और भी सुहाना हो गया

मै तो दीवाना था ही तेरी अदाओ का

तेरे साथ वक्त गुज़ार और भी दीवाना हो गया

इस सुनहरी शाम का मै शुक्रगुजार हो गया

यूँ तो नफरत थी ज़िन्दगी से

मगर पा कर तुम्हे

ज़िन्दगी से प्यार हो गया !!

# 6. प्यार क्या है नहीं जानते

तेरी वफ़ाओ को ज़िंदगी बनाया
तेरी तस्वीर को दिल मे बसाया
प्यार क्या है नहीं जानते
मगर संग तेरे जीने के
इन नैनो ने सपने सजाये
तेरे प्यार को जन्नत माना
तेरे साथ जीने की मन्नत माँगा
प्यार क्या है नहीं जानते
मगर तेरे एक मुश्कान के खातिर
दुनिया का हर गम भुलाया
गम मे तेरे खुद भी रोया
ख़ुशी मे तेरे जी भर मुस्कुराया
प्यार क्या है नहीं जानते
मगर तेरे संग ही हर कदम बढ़ाया!!!

# 7. मेरे हाथ मे तेरा हाथ हो

मै सज़दा करू तेरा
अरदास मेरी तुम हो
मै हर तूफ़ाँ से लड़ लूँ
बस मेरे हाथ मे तेरा हाथ हो
मै जन्नत की हर ख़ुशी गवां दूँ
बस होंठो पे तेरी मुस्कान हो
मै हर मंजिल को पा लूँ
बस मेरे हाथ मे तेरा हाथ हो
तुम ही हो दिल मे मेरे
तुम ही मेरे धड़कन मे हो
तेरे सिवा किसी को ना चाहूंगा
बस मुझ पे तेरा विश्वाश हो
मै हर गम मे भी मुस्कुरा लूंगा
बस मेरे हाथ मे तेरा हाथ हो !!!

# 8. इश्क़ मे धड़कन चुराना

इश्क़ मे उस के हम बाबरा हो गए
और बन के वो चोर
धड़कन हमारी चुरा गए
झुका के पलके जो वो मुश्कुराई
उस के काली जुल्फों ने
दिल पे कयामत डा दी
मासूम सी वो सूरत
उस पे उसका शर्माना
दूर जा के फिर
मुझे पलट के देखना
क्या ही बताये ऐ दोस्तों
उस के कातिल निगाहो का जलवा
दिखा के इश्क़ के सपने
मेरे धड़कन को चुराना!!!

# 9. दिल की धड़कन बढ़ जाती है

दिल की धड़कन बढ़ जाती है ज़ब
साँसो से सांस मिलते है
सामने मेरे तुम होते हो पर
मै नज़र उठा देख भी नहीं पाती हूं
दिल की धड़कन बढ़ जाती है
ज़ब मुझसे दूर तुम हो जाते हो
डर लगता है खो ना दूँ तुम्हे
जब हाथ मेरा छोड़ जाते हो
पलकों मे आँशु लिए
ज़ब मै तुमसे लिपट जाती हूं
दिल की धड़कन बढ़ जाती है
ज़ब दिल से दिल मिलते है
होती है शिकवा तुमसे
तो मै भी रूठ जाती हूं
मगर दिल की धड़कन बढ़ जाती है
ज़ब तुम मुझसे रूठ जाते हो !!!

# 10. बचपन का वो पहला प्यार

उसकी मासूम सूरत पे

गुस्सा भी प्यारा लगता था

उस की खिलखिलाती हंसी

मेरे होंठो पे मुस्कान लाता था

उसकी चोटियों संग

दिल मेरा भी मचलता था

उसकी हर लड़ाई साथ

प्यार और गहरा होता था

बन गई थी वो मेरी ज़िन्दगी

उस के साथ के खातिर करने लगा बंदगी

जब भी देखि बचपन की झलक

उस के यादो मे मेरे भींग गए पलक

जिस अज़नबी को दिल ने अपना माना था यार

वो था मेरे बचपन का पहला प्यार !!!

# 11. ये ही तम्मना है

तेरे संग रहूँ सदा
दिल की ये ही तम्मना हैं
तु ही अब दुनिया मेरी
तेरा साथ हमें निभाना है
रूठती हूं तुमसे तो
खुद भी मै तड़पती हूं
दूर हूं तुमसे मगर
तेरे दिल मे ही रहती हूं
तु रहना सदा साथ मेरे
चाहे कैसे भी हालात हो
दिल की ये ही तम्मना है
तु हर पल मेरे पास हो
मै ज़माने से लड़ हूं
बस प्यार तेरा मेरे साथ हो
चाहे तन्हा करे ज़माना हमें
दिल की ये ही तम्मना है
ज़िन्दगी भर तु साथ हो मेरे!!!

# 12. यूँ तो

तेरी आँखों की गहराई मे
यूँ मै डूब जाता हूं
जैसे तेरे ज़ुल्फो के भंबर मे
यूँ गुम हो जाता हूं
यूँ तो मुझसे बहुत अलग है
हर आदत तुम्हारी
मगर तब भी लगती हो
मुझे मेरी जां से प्यारी
यूँ तो मेरे ख़्वाबों की मल्लिका हो तुम
मगर देख तुझे हकीकत बनाने का जी चाहता
यूँ तो मोहब्बत खता नहीं
मगर हो जो खता ये
तो तेरे साथ के खातिर मै
ये खता सौ बार करूँ!!!

# 13. कैसे उसने

किसी को जाने बैगर
उसने मोहब्बत किया
कैसे उसने सालो तक
उसका इंतज़ार किया
शायद उसे उसकी सूरत भी याद नहीं
पर सुन के उसकी बाते
सिर्फ उस से प्यार किया
कैसे उसने सदियों तक
उसका इंतज़ार किया
खामोश रहा मगर
दिल मे उसकी चाहत थी
उसे पाने की चाहत मे
खुद को उस के काबिल किया
कैसे उसने बिना जाने ही उस से प्यार किया
पूजा उसकी मूरत को
दिल मे एक तस्वीर बनाई
मगर कभी भी उस से
मोहब्बत का ना इज़हार किया
कैसे दूर रह कर भी
उसने उसी से प्यार किया!!!

# 14. किसकी खता

किसने की ज़िन्दगी दर्द भरी

वक़्त का खेल था या दिल की नादानी

क्यों मोहब्बत हमारी

बन गई सिर्फ एक कहानी

अश्कों से खेल रहे तन्हाई मे

बन गई अश्क़ सागर ज़िन्दगी

नैनमणी संग उमड़ रहे सवाल

पूछ रहे सब नादान दिल का हाल

दिल था नादान या थी नज़रो की खता

लवो ने तो खामोश ही रहना चाहा

किसकी थी खता समझ ना सके

बस सिसकियाँ लेते रह गए

ना जाने कैसी अधूरी थी वो मिलन

पास होकर भी उनके लिए तड़पते रहे हम!!!

# 15. लौट के ना आऊंगा

कोई नूर जहां सी नहीं तुम
मगर हमारे दिल को
बहुत खुबशुरत लगती हो तुम
हमने तुम्हे दिल मे बसाया
मगर मोहब्बत को हमारी
कभी समझ ना पाई तुम
पर कोई गिला नहीं तुमसे
हमारी ही खता थी जो
मोहब्बत किया तुमसे
प्यार का यकीन और कैसे दिलाये तुम्हे
ज़ब सूरत ही हमारी नापसंद है तुम्हे
जा रहे अब अलविदा कह कर
दुखाया हो दिल तो माफ़ी मांग कर
लौट के ना अब आऊंगा
तेरी खुशियों का दुआ करूँगा
कभी दर्द ए दिल ना पड़े तुम्हे सहनी
शायद अधूरी ही थी
मेरी मोहब्बत की कहानी!!!

# 16. लौट आ जा तु

इक ध्वनि सी गूंज उठी
एक स्वर रुआशी भरी
पुकार रही वो तन्हा खड़ी
लौट आ जा तु हमसे भूल हुई
माफ़ कर दे हमारी सारी गलती
हमारी खता हमने मान ली
इतना ही रूठो अब दूर ना जाओ
हमें तोड़ खुद टूट ना जाओ
चाहो तो लाखो सजा दे जा
पर हमारे पास तु लौट आ जा
पाकर तेरा प्यार हुई खुशियां मेहरवां
पर कभी तुमने हमें ना समझा
ज़िन्दगी से नाता तोड़ जायेंगे
जुदा हो तुझसे जी ना सकेंगे
चाहा तो तूने भी जां से ज्यादा
हमसे जुदा हो ज़िन्दगी तोफे मे देना चाहा
मगर एक बार भी दिल से ना सोचा
खातिर तुम्हारे ही तो जीना सीखा
दूर हो तुमसे तो रह लेंगे
पर तेरे प्यार के बिना ना जी सकेंगे
कहीं ये तोफा तुम्हारा जहर ना बन जाये
ज़िन्दगी इसमें घुट घुट के मर जाये
तन्हा खड़े हम कब से पुकार रहे

तेरे बिन ज़िन्दगी से अपने भी दूर चले
कभी अपने फैसले पे ना पछताना
दूर चले गए तो कभी याद ना करना
अभी तो हिम्मत है पुकार रहे तुम्हे
शायद कल ये आवाज़ भी ना रहे
खफा ऐसे ही रहोगे तो
हम भी एक दिन रूठ जायेंगे
दूर अगर हो गए तो
उम्र भर बुलाने पे भी वापस ना आएंगे!!!

# 17. पाने की ज़िद्द

ज़ब देख किसी को दिल पाने की ज़िद्द करता
पाने को तब उसे लाखो कोशिशे करता
करने को उस से बस एक मुलाक़ात
ना जाने दिल कितने बहाने बनाता
प्यारी लगती तब उसकी हर बाते
हर अदाओ से तब प्यार झलकता
पाने को जीवन मे उसका साथ
कितने कसमे कितने वादे करता
कर के पूरा जूनून अपना
प्यार नहीं था ये जान जाता
तब हकीकत से हो रूबरू
वो हर दिन हर पल पछताता
याद रहती ही नहीं उसे अपनी कही बात
बस नज़र आता बदली हुई बर्ताव
जिन अदाओ के वो कायल थे कभी
क्यों आज उन के दिल मे प्यार ही नहीं !!!

# 18. ज़िन्दगी के उस मोड़ पर

साथ चलने का वादा किया था
पर तुमने राहें मोढ़ ली
बन के बावरी तेरे इश्क़ मे
मै खड़ी रही तेरे इंतज़ार मे
तेरी बेवफाई को समझ ही ना सकी
तेरी दिल्लगी को मोहब्बत समझ ली
तु हमैं झूठे सपने दिखाता गया
और हम ज़िन्दगी के उसी मोड़ पे
सपने सच होने की दुआ करते रहे
तुमने कितनो से कदम मिला ली
मेरी यादो को पीछे छोड़ दी
तुम तो ज़िन्दगी मे आगे बढ़ गए
और हम तेरे इंतज़ार मे तन्हा
ज़िन्दगी के उसी मोड़ पे रह गए!!!

# 19. फिर तुम क्यों चले गए

तुमने ही प्यार की पहल की थी
हमारी चाहत के लिए
तुमने हर हदे पर की थी
फिर तुम क्यों चले गए
मै तो तुमसे हमेशा से दूर रही
पर मुझे तेरे करीब लाने वाली
तेरे इश्क़ की कशिश ही थी
फिर तुम क्यों चले गए
मेरी एक झलक पाने के लिए
तुम कैसे छुप के देखा करते थे
काश कभी बात हो जाये
सोच तुम ही तो प्रे करते थे
फिर तुम क्यों चले गए
हमें मोहब्बत की राह मे दीवाना बना कर
हमें बेइंतेहा मोहब्बत सीखा कर
साथ जीने के सपने दिखाया
फिर क्यों तुम चले गए
हमसे यूँ नज़रे चुरा कर!!!

# 20. किसी और के नाम का

रूबरू हुआ था दिल ज़ब
उस की मासूम सूरत से
खो गया था दिल
उसके जुल्फ की घटाओं मे
नादान था दिल समझ ही ना पाया
उस के दिल्लगी को मोहब्बत समझ लिया
उस की एक झलक पाने को
रास्ते पे रोज इंतज़ार करता था
ना दिखे जो वो, दिल बैचैन हो जाता था
मालूम नहीं था हमें, वो बेवफा निकलेगी
कसमे हमारे साथ khaकर
गैर का घर बसायेगी
मेहंदी अपने हाथो मे लगा रही है
किसी गैर का नाम लिखवा रही है
आंसुयें सुना रही मेरे दिल की दास्तां
और वो सिंदूर लगा रही
किसी और के नाम का!!!

# 21. दिल कर रहा सवाल

दिल कर रहा सवाल
ख़ुशी का एहसास है मोहब्बत
या है गम की सौगात
यार के बाहो मे अपने
क्यों रस्मे भूल जाता है
जो किस्मत मे ही नहीं
क्यों मुरत उसकी दिल मे रखता है
दिल कर रहा सवाल
नज़रो से दूर हो मगर
नैनो मे क्यों अब भी हो
जिस्म से तो अलग हो
मगर रूह से क्यों जुड़े हो
दिल कर रहा सवाल
होंठो पे नाम नहीं
मगर अश्कों मे क्यों तुम ही हो
तुझे लाख भूलना चाहूँ
मगर क्यों हर पल याद आते हो
दिल कर रहा सवाल
दूर है तुमसे ऐसी क्या खता थी
क्या हमारी मोहब्बत मे कोई कमी थी
एक बार इन सवालों का जवाव दे दो
कभी दर्द ऐ दिल का तुम भी एहसास कर लो!!!

# 22. झूठी मुस्कान

पूरा जहां है रोशन
बिता कल मेरा अंधेरा है
बुला रही जग बाहें पसार
मगर कदम वही थम गए है
परछाई भी ना साथ रहा
मेहबूब से क्या उम्मीद करे
मगर नादाँ ऐ दिल मेरा
क्यों किनारे पे इंतजार करे
कहते हो तुम
मुझे छोड़ जाना तेरी मज़बूरी थी
मगर मेरे लिए तो तु ही जरुरी थी
चेहरे पे हंसी का मुखौटा लिए घूमते है
तेरे बिना तेरे यादो के सहारे जीते है
तसल्ली है की तु खुश है
वरना हमारी हर मुस्कान तो झूठी हैं!!!

# 23. ऐसी भी क्या खता

एक आस थी विश्वास थी
तुमसे मिलन की प्यास थी
हमसे जुदा तुम हो गए
ऐसी भी बजह क्या खाश थी
उम्मीद तुमसे लगाई
कुछ अरमान दिल मे सजाई
ऐसी भी क्या खता हो गई
क्यों बन गए तुम हरज़ाई
दिल मे बसाया पलकों मे सजाया
फिर भी दिल तूने तोड़ ही दिया
ऐसी भी क्या खता थी मेरी
बन ना सकी मै ज़िन्दगी तेरी!!!

# 24. दो दिल

मिले थे दो दिल
मगर हो गए जुदा
ऐसी भी क्या खता थी
जो जमाने ने रुला दिया
प्यार किया था दोनों ने
प्यार ही वो चाहते थे
मगर बेदर्द ज़माने ने क्यों
अश्कों का उन्हें तोफा दिया
रोते है हर रात वो
हर दिन वो तड़पते है
अपनी मोहब्बत को याद कर
कभी तारों को गिन लेते है!!!

# 25. अधूरा प्यार

मासूम से दिल मे ज़ब कोई
घर अपना बना लेता है
उस के ख़ुशी के लिए
दुनिया को भी रूशवा कर जाता है
नज़रो मे अपने तस्वीर उसकी बसाता
मगर यार से अपने नज़रे मिला शर्माता
रात उस के ख़्वावो मे गुज़रता
सुबह दिल दीदार को तरसता
साथ उस के पागल दिल मुस्कुराता
बिछड़ जाये तो अधूरा प्यार बन जाता
गुज़र जाते दिन रात भी गुजरता
इसी तरह बरसो गुज़र जाते
मगर ज़िन्दगी के हर मोड़ पर
दिल उसकी याद दिलाता
सच कहते है यारो
अधूरा प्यार बहुत दर्द देता!!!

# 26. संग संग चलना अधूरा रह गया

मोहब्बत मे हो दीवाने
तेरे संग संग चलने लगे
मंजिल हमारी एक ही थी
तो कदम से कदम मिलाने लगे
धीरे धीरे कब फासले बढ़ गए
मंजिल के साथ तुम भी बदल गए
ऐसे तुमने कदम बढ़ाये
छोड़ हमें पीछे
तुम आगे निकल गए
चाहते थे हम तुझे रोक ले ज़रा
मगर दिल से निकली दुआ
जा तु खुश रहना सदा
अपने नए हमसफ़र साथ
तुम तो आगे निकल गए
मोहब्बत की राह मे
दिल मेरा अकेला रह गया
सोचा था साथ चलेंगे सदा
मगर संग संग चलना अधूरा रह गया !!!

# 27. याद है मुझको तूने कहा था

याद है मुझको तूने कहा था
तु चाहत है मेरी तु ही ज़िन्दगी
माँगा नहीं रब से कुछ भी
तु ही तो बंदगी
कहा था तूने तु मोहब्बत है
रूठेंगी तो मनाऊंगा मै
तु ही तो इबादत है
मुझे कभी भूल ना जाना तु
तेरे प्यार का मुझको तो आदत है
याद है मुझको तूने कहा था
मुस्कान तेरे होंठो पे बिखेरूं
अश्क़ तेरे नैनो से चुरा लूँ
जो हो कांटे राहो मे तुम्हारी
कदमो के निचे तेरे मै हथेली रख दूँ
याद है मुझको तूने कहा था
तुझसे दूर ना मै जाऊंगा
तेरे संग ही ये ज़िन्दगी बिताऊंगा!!!

# 28. हज़ार ख्वाहिशों का बोझ लिए चलते है

हज़ार ख्वाहिशों का बोझ लिए चलते है
तुम तो साथ नहीं हो मेरे राह ऐ मंजिल पे
मगर भुला नहीं दिल तेरे प्यार को
हर कदम साथ तेरी याद लिए चलता हूं
मै कल भी अधूरा था मैं आज भी अधूरा हूं
तेरी बेवफाई का दाग़ लिए चलता हूं
तेरे दिए ज़ख्म ही साथ है बाकि
हज़ार ख्वाहिशों का बोझ लिए चलता हूं
तुम तो निभा ना सके वादे अपने
मै उन अधूरे वादों का सहारा लिए चलता हूं
मै हज़ार ख्वाहिशों का बोझ लिए चलता हूं!!!

# 29. तेरी यादे

तेरी तरह ही तेरी यादे है
बहुत रुलाती है आँखों को
मगर यही लवो पे मुस्कान ले आती है
तेरी तरह ही तेरी यादे है
रूठता है दिल तुझसे
मगर तेरी यादे दिल को मना लेता है
बीते लम्हो को कर याद
प्यार और गहरा हो जाता है
देखती हूं मै खुद को आईने मे
मगर झलक तेरी ही दिख जाती है
राह देखती है नैना की तु आ जाये कभी
तरसते है कर्ण की तु बुलाये कभी
तेरी यादे मुश्किल कर रही जीना
कर देती है हमें महफ़िल मे भी तन्हा!!!

# 30. तुम सुनो तो बताऊं जज़्बात क्या थे मेरे

दूर थे तुमसे फिर भी तुम्हारे थे

हकीकत मे पास नहीं

मगर ख्वाबो मे तुम ही थे

बुनी थी मैंने कितने ही सपने

एक घर होगा हमारा और

साथ तु होगा मेरे

फुरसत मे कभी मिलो तो हमसे

तुम सुनो तो बताऊं जज़्बात क्या थे मेरे

मिलाते थे ज़ब नज़रे तुम हमसे

कहता था दिल जा सिमट उनमे

मंजिल हमारी तुम ही तो थे

तो तुमसे ही हम क्यों दूर थे

कभी हाथ थाम पूछते तो हमसे

तुम सुनते तो बताती जज़्बात क्या थे मेरे!!!

# 31. इश्क़ आज भी है मगर

साथ तेरा छूट गया
राहें जुदा हो गए
इश्क़ आज भी है मगर
तुझसे जुड़े हर ख्वाब टूट गए
दिल की गहराइयों मे समाया तु ही
याद तेरी हमें हर पल आती रही
इश्क़ आज भी है मगर
तेरे लिए अब मै अजनबी बन गई
याद आते हो तो.........
हर अश्क़ दास्तां ऐ मोहब्बत सुनाते है
खता किसकी थी??
पूछ ऐ लब खामोश हो जाते है
नादाँ दिल हर पल कहता है
इश्क़ आज भी है मगर
तेरे धड़कन मे नाम हमारा
सुनाई नहीं देता है !!!

# 32. प्यार नहीं मुझसे ये जानती हूं मै

प्यार नहीं मुझसे ये जानती हूं मै

मगर तेरी आवाज़ सुन ही

सब भूल जाती हूं मैं

खेला तूने जज्बातों से हमारे

मगर तुझसे बात कर

फिर बहक जाती हूं मै

खता तेरी भी नहीं ये जानती हूं मै

वक्त के भंवर मे फंस गई थी मै

लिखने वाले ने किश्मत ही ऐसी लिख दी

सब के लिए बस खिलौना बन गई हूं मैं

दूर हुआ तु ख़ुशी से अपने

तुझसे कभी शिकवा ना करूंगी मै

कभी जो तुम जीवन का बाग सजाओ

वादा रहा कभी राह का कांटा ना बनूंगी मै

याद आते हो तो एक हथेली को

दूसरे हाथ पे रख मुस्कुरा देती हूं

प्यार नहीं मुझसे ये जानती हूं मै

मगर फुरसत हो तो अपने दिल से पूछना

क्या कभी प्यार का एहसास ना हुआ

इसी तरह तेरी हथेली पे ज़ब हाथ रखती थी मैं!!!

# 33. तुझे याद करना हमारी आदत नहीं

तुझे याद करना हमारी आदत नहीं
पर तुझे भूल जाना भी बस मे नहीं
वक्त के साथ शायद हर जख्म भर जाते
पर दिल के दर्द कभी मिटते ही नहीं
जो मुस्कान हैं लबो पे उसे सब देख लेते
और आँखों से छलकता दर्द आँखों मे रह जाते
सोचा ही नहीं था कभी
तु यूँ दूर हो जायेगा
तुझसे बिछड़ के जीना पड़े
ज़िन्दगी मे ऐसा दिन भी आएगा!!!

# 34. तुम थे

मेरी दुआओँ मे तुम थे मेरे ख़्वाबों मे तुम थे
हकीकत भी तुम थे मेरी मंजिल भी तुम थे
दिल एक था हमारा और प्यार भी तुम थे
लवो पे नाम तुम्हारा और पलकों मे भी तुम ही थे
मेरी ज़िन्दगी भी तुम थे
इस नादान दिल के कातिल भी तुम थे
हमें मोहब्बत सीखा कर खुद बेवफा बन गए
अब हम कैसे कहे दिल मे रह कर
दिल तोड़ने वाले भी तुम ही थे
मेरे गम का तुझसे सवाल करूँ भी कैसे
मेरे लिए तो हर जबाव ही तुम थे
मेरे लबो की हंसी भी तुम थे
आंसुओं की बजह भी तुम थे
मैं शिकायत करूँ भी तो कैसे
मैंने जिसे चाहा वो सख्श भी तुम थे!!!

# 35. ऐसा तो नहीं था

ऐसा तो नहीं था की हमने इश्क़ ना किया
पर वक्त ने मोहब्बत को मुक़मल होने ना दिया
दर्द तो शायद आंसू बन के बह जाते है
पर हाल ऐ दिल बयां कर ना पाते है
ऐसा तो नहीं है की हम आज मुस्कुराते नहीं
पर तेरे नाम से जो मुस्कान झलकती
आज हज़ार खुशियों मे भी नहीं दिखती
ऐसा तो नहीं था की हमने कोई खता किया था
पर जमाने को भूल कर दिल लगाया
शायद ये ही गुनाह किया था
ऐसा तो नहीं था की
हमने कभी ना दुआ किया था
पर अपनों की ख़ुशी के खातिर
दर्द भरी जुदाई भी हमने क़ुबूल किया था!!!

# 36. कर रहे थे उनका इंतजार

परवाने को जैसे है शमा से प्यार

हम भी कर रहे थे उनका इंतज़ार

सजाई थी कुछ ख्वाब भी हमने

सोचा था गुज़ारेंगे कुछ वक्त साथ मे

मगर शायद उन्हें हमारी याद आती ही नहीं

दो पल भी साथ ना रहे

आये और चलने की बात कह दी

हम भी चाहते है कुछ वक्त उनसे

कभी तो हमारे लिए भी

वो वक्त चुरा ले सबसे

इंतज़ार की घड़ी बढ़ती ही रही

शाम तो हुई मगर इंतज़ार ख़त्म ना हुई

परवाना आया और शमा से मिल गया

मगर हमारा ख्वाब बस एक तस्वीर बन गया!!!

# 37. कौन समझें ये कैसी रात है

कौन समझें ये कैसी रात है
शायद कोई राज की बात है
दिल मे दस्तक देती
कुछ अधूरी सी ख्वाब है
जिसमे तेरे यादो की बारात है
कौन समझें ये कैसी रात है
शायद कोई राज की बात है
तुम्हारी यादो मे आज फिर
नैनो ने की बरसात है
कैसे दिल कह दे ये
अधूरे मिलन की ये रात है
थक गए है नैना फिर भी इंतजार है
कैसे कहे लब तुमसे ही प्यार है
तूने तो तन्हा छोड़ा मुझे
मगर तेरी यादो का अब भी साथ है
कौन समझें ये कैसी रात है
शायद कोई राज की बात है!!!

# 38. उनकी बातो का ऐतबार मत करना

उनकी बातो का ऐतबार मत करना
वो नहीं आएंगे उनका इंतज़ार मत करना
हाथो से रेत की तरह फिसलती रही ज़िन्दगी
वर्षो तक उनकी याद मे तड़पती रही ज़िन्दगी
अँधेरे मे कही भटक ना जाये वो
सोच ये ही रातो तक जलती रही ज़िन्दगी
अब तो तन्हाई भी कहती है
उन के बातो का ऐतबार मत करना
वो नहीं आएंगे उनका इंतज़ार मत करना!!!

# 39. मैं फिर भी तुमको चाहूंगा

दूर तलक चलना था हमें
मगर रास्ते अलग हो गए
मंजिल मेरी बनो ना बनो तुम
मगर तलाशते हुए तुम्हे
मै राह ऐ मंजिल पे चलूँगा
किश्मत चाहे रुख बदल दे हमारी
मै फिर भी तुमको चाहूंगा
प्यार तेरा दिल मे लिए
तस्वीर तेरी आँखों मे बसाउँगा
चाहे मिलो ना मिलो तुम
मै इंतज़ार तेरा करूँगा
चाहे खफा हो जाये कायनात
मै फिर भी तुमको चाहूंगा!!!

# 40. हमसे दूर जाओगे कैसे

हमसे दूर जाओगे कैसे
खुद को हमसे जुदा करोगे कैसे
हम तो है मोहब्बत तुम्हारी
बिन मोहब्बत के रह पाओगे कैसे
तुम दिल हो तो हम धड़कन है तुम्हारी
हम जिस्म है तो तुम रूह हो हमारी
रूह को जिस्म से अलग कर पाओगे कैसे
हमसे दूर जाओगे कैसे
हम होंठ है तो तुम लफ्ज़ हो हमारी
हम शायर है तो तुम ग़ज़ल हो हमारी
ग़ज़ल को शायर से जुदा करोगे कैसे
हमसे दूर जाओगे कैसे!!!
दिल के बंधन से जुड़े है
दो जिस्म एक जान बने है
दिल के बंधन तोड़ पाओगे कैसे
हमसे दूर जाओगे कैसे!!!

# 41. सालो बाद

सालो बाद आज उसी नज़र से
वैसे ही नज़र मिली
जज्बात बेकाबू हो
लबो पे आ के रुक गई
धड़कने थम सी गई
और सांसे बढ़ने लगी
आज सालो बाद फिर दिल ने मुस्कुराना चाहा
नज़रो के सामने उसे देख
बाहो मे समेटना चाहा
एक पल कदम आगे बड़े
और दुज़े पल पीछे खिंच गए
कुछ रिस्तो के जंजीरो मे बंधी
नज़रे उसे बस निहारती गई
लबो पे ढेरों बाते थी
कुछ शिकवे कुछ शिकायते थी
पर देख उसे हर रंजीसे भूल गए
बस उस पल को जीने की
दिल की ख्वाहिसे थी
ना पलकें झपकते
ना तुम ओझोल होते
ना गुज़रा ना आने वाला कल होते
काश वक्त वही थम सा जाता
और एक दुज़े के नज़रो मे

हम सिमट के रह जाते!!!

# 42. उलझन इस बात की है कि

तुमसे प्यार आज भी बहुत है हमें
भुला तो तु भी नहीं है हमें
तुमसे दूर रह के तड़पता है दिल
पर उलझन तो इस बात कि है
कि साथ रह नहीं सकते
नज़रे तुम्हे एकटक देखे
हो ना जाओ आँखों से अझोल
सोच आँखे पलकें भी ना झपके
होंठो कि लाली से तुझे रंग तो दूँ
पर उलझन तो इस बात कि है
कि कही दाग़ तेरे दामन मे लग ना जाये !!!

# 43. आज भी

कुछ एहसास तो बाकि है आज भी
नाराज़गी मे मोहब्बत बाकि है आज भी
वो कहते है हमारे जाने से उन्हें फर्क नहीं पड़ता
मगर उन के आँखों मे इंतजार बाकि है आज भी
हां ऐ सच है आज साथ नहीं हम
मगर दिलो मे नज़दीकियां बाकि है आज भी
सब कहते है मोहब्बत ख़त्म हो गई
मगर हर दुआओँ मे एक दुज़े के
हम शामिल है आज भी!!!

# 44. आख़री सलाम

मेरा ये पैगाम भेजना
उनको आख़री सलाम भेजना
छोड़ गए यूँ हमें तुम तन्हा
जाओ दुआ किया दिल
सदा ख़ुशी से तुम रहना
फुर्सत मिले तो कभी
एक सवाल का जबाब दे जाना
ऐसी क्या मजबूरी थी तुम्हारी
जो पड़ा तुझे हाथ किसी और का थामना
मेरा ये पैगाम भेजना
उनको आख़री सलाम भेजना
तुझे क्या लगा तेरे बैगर जी ना पाएंगे
तूने कि बेवफाई तो हम भी वफ़ा भूल जायेंगे
गलतफहमी मे मत रहना जानेमन
तुझे भूल हम भी ख़ुशी से जी लेंगे!!!

# 45. जा तुझे दिल से आज़ाद किया

महफ़िल सजी है आज
दिलजलो कि बस्ती मे
मोहब्बत कि दास्तां सुना रहे दीवाने
अपनी अंदाज़ और अपनी मस्ती मे
लुटा सबको उन के ही मेहबूब ने
मगर शायर बना दिया मेहबूब कि बेवफाई ने
मदहोश थे वो कभी इश्क़ मे हमारे
अब रकीब कि बाहे उन्हें लगती है प्यारे
अरे जा हमने दिल से तुझे आज़ाद किया
तु क्या चीज है सनम
हमने तो इश्क़ मे रब को भी भुला दिया!!!